我的中文小故事(32)
My Little Chinese Story Books

yes hé no
Yes和No
Yes and No

［新西兰］Victor Siye Bao
曾凡静 编著

北京大学出版社
PEKING UNIVERSITY PRESS

图书在版编目（CIP）数据

Yes和No／（新西兰）Victor Siye Bao，曾凡静编著.—北京：北京大学出版社，2010.5

（我的中文小故事32）

ISBN 978-7-301-17011-3

Ⅰ.Y… Ⅱ.①B… ②曾… Ⅲ.汉语－对外汉语教学－语言读物 Ⅳ.H195.5

中国版本图书馆CIP数据核字（2010）第035853号

书　　名：	Yes和No
著作责任者：	[新西兰] Victor Siye Bao　曾凡静　编著
责 任 编 辑：	贾鸿杰
插图绘制：	Amber Xu
标 准 书 号：	ISBN 978-7-301-17011-3/H·2440
出版发行：	北京大学出版社
地　　　址：	北京市海淀区成府路205号　100871
网　　　址：	http://www.pup.cn
电　　　话：	邮购部 62752015　发行部 62750672
	编辑部 62752028　出版部 62754962
电 子 信 箱：	zpup@pup.pku.edu.cn
印　刷　者：	北京宏伟双华印刷有限公司
经　销　者：	新华书店
	889毫米×1194毫米　32开本　1.125印张　2千字
	2010年5月第1版　2020年6月第3次印刷
定　　　价：	15.00元（含1张CD-ROM）

未经许可，不得以任何方式复制或抄袭本书之部分或全部内容。

版权所有，侵权必究　　举报电话：010-62752024

电子信箱：fd@pup.pku.edu.cn

shàng zhōng wén kè de shí hou, lǎo shī wèn yí ge
上 中文课的时候，老师问一个
tóng xué yí ge fēi cháng jiǎn dān de wèn tí
同学一个非常简单的问题。

tā xiǎng biǎo dá yes de yì si dàn shì bù
他想表达Yes的意思，但是不
zhī dào zěn me shuō
知道怎么说。

xiǎng le hěn cháng shí jiān　　zhǐ shuō le　　shì
想了很长时间,只说了:"是。"

lǎo shī méi yǒu shuō tā huí dá de shì duì hái shì cuò
老师没有说他回答的是对还是错。

过了一分钟,老师问我们全班怎么用中文表达 Yes 和 No 的意思。

老师还说,谁回答对了有奖品。

很多同学都举起了手。

另外一个同学说:"有和没有。"

还有一个同学说：“对和不对。”

老师没有说什么,只是笑了笑。然后他说:"你们说得都对,但是都没有答出我的问题!"

老师又问："你喜欢我吗？"

杰克想了想,看了看全班同学,小声地说:"不喜欢!"

全班同学都觉得奇怪,因为杰克说的是"不喜欢"啊。

老师又说:"杰克回答的是'不喜欢',可没有说'不是',也没有说'不对',也没有说'没有'!"

老师又问汤姆："你学中文吗？"

tāng mǔ shuō　　wǒ xué zhōng wén
汤姆说:"我学中文。"

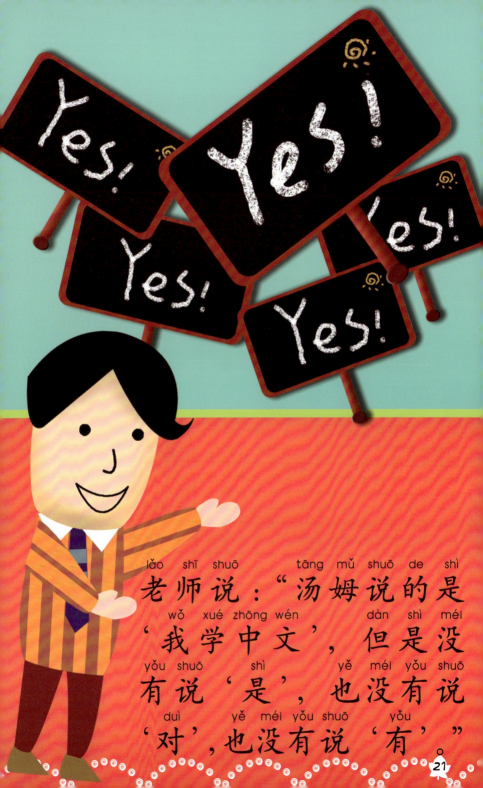

lǎo shī shuō　　　　tāng mǔ shuō de shì
老师说:"汤姆说的是
wǒ xué zhōng wén　　　dàn shì méi
'我学中文',但是没
yǒu shuō　　shì　　　　yě méi yǒu shuō
有说'是',也没有说
duì　　yě méi yǒu shuō　　　yǒu
'对',也没有说'有'。"

老师对我们说:"你们想一想,这里的'喜欢'和'学'是什么词?"

一个同学说:"是动词。"

老师说："回答得非常好！"

老师在黑板上写下："如果你要表达Yes的意思，你只要重复问题里的动词；如果你要表达No的意思，就在动词前面加上'不'或者'没'。"

老师又给我们举了几个例子,我们终于明白了怎么用中文表达Yes和No的意思。

上中文课的时候，老师问一个同学一个非常简单的问题。他想表达 Yes 的意思，但是不知道怎么说。想了很长时间，只说了："是。"老师没有说他回答的是对还是错。

　　过了一分钟，老师问我们全班怎么用中文表达 Yes 和 No 的意思。老师还说，谁回答对了有奖品。很多同学都举起了手。一个同学说："是和不是。"另外一个同学说："有和没有。"还有一个同学说："对和不对。"老师没有说什么，只是笑了笑。然后他说："你们说得都对，但是都没有答出我的问题！"

　　停了一会儿，他走到杰克面前，问他："我是老师吗？"杰克说："是！"老师又问："你喜欢我吗？"杰克想了想，看了看全班同学，小声地说："不喜欢！"老师说："非常好！"全班同学都觉得奇怪，因为杰克说的是"不喜欢"啊。老师又说："杰克回答的是'不喜欢'，可没有说'不是'，也没有说'不对'，也没有说'没有'！"老师又问汤姆："你学中文吗？"汤姆说："我学中文。"老师说："汤姆说的是'我学中文'，但是没有说'是'，也没有说'对'，也没有说'有'。"老师对我们说："你们想一想，这里的'喜欢'和'学'是什么词？"一个同学说："是动词。"老师说："回答得非常好！"老师在黑板上写下："如果要表达 Yes 的意思，你只要重复问题里的动词；如果你要表达 No 的意思，就在动词前面加上'不'或者'没'。"老师又给我们举了几个例子，我们终于明白了怎么用中文表达 Yes 和 No 的意思。

生词

1. 非常　　fēi cháng　　extremely; very
2. 简单　　jiǎn dān　　simple
3. 问题　　wèn tí　　question
4. 表达　　biǎo dá　　express
5. 意思　　yì si　　meaning
6. 回答　　huí dá　　answer
7. 奖品　　jiǎng pǐn　　prize; award
8. 举手　　jǔ shǒu　　raise one's hand; put up one's hand
9. 然后　　rán hòu　　then
10. 停　　tíng　　stop; pause
11. 奇怪　　qí guài　　strange; odd
12. 动词　　dòng cí　　verb
13. 黑板　　hēi bǎn　　blackboard
14. 如果　　rú guǒ　　if
15. 只要　　zhǐ yào　　so long as; provided; if
16. 例子　　lì zi　　example; instance

练习

请你回答下面的问题，看看你知道不知道怎么用中文表达Yes和No的意思。

1. 你有兄弟姐妹吗？

_____

2. 你去过北京吗？

_____

3. 你每天都上中文课吗？

_____

4. 你喜欢这个故事吗？

_____

5. 你会用中文说"No"了吗？

_____

 试一试

一、请你找出下面句子中的动词

1. 我每天和妈妈说中文。
2. 他天天看中文小故事书。
3. 我会用中文回答问题。
4. 她和我一起去看电影。
5. 请你回答这个问题，好吗？

二、请你看看下面两组词，它们的意思是什么？请用它们造句。（你可以去问一下你的中文老师。）

1. 　　的时候 _____

　　　有时候 _____

2. 　　的意思 _____

　　　有意思 _____

后 记

这次创作和以往的不同，是一个充满乐趣的过程。很多故事都是笔者在近20年的对外汉语教学中积累的材料。在撰写和编辑中，我仿佛回到了过去在不同国家教学的快乐日子。故事中的人和事，常让自己不由自主地大笑起来。

让我感到非常幸运的是，在编写、出版这套小书的过程中，我能够和一群可爱而充满活力的年轻人合作。第一次和邓晓霞编辑见面时，我们谈起适合中小学生的汉语阅读书太少。于是，我们心有灵犀，在很短的时间里就完成了这套故事书的整体构思。可以说，没有晓霞，就不会有这套图书。我还要感谢贾鸿杰编辑，她为这套书的出版也付出了很多努力。

作为给年幼且汉语程度不高的孩子们写的故事书，插图在某种意义上比文字还要重要，所以我真的很幸运，得到了充满童心、阳光健康的画家徐媛的大力支持。我们在画面风格、内容等方面进行过充满乐趣的讨论，非常默契。

这套故事书能够出版，需要很多人的付出。另外两位是我从未谋面的、负责排版的张婷婷和张雷，我们通过网络联系，现在已经是非常好的朋友。正是因为有这么好的团队，我有了继续写作的动力，相信我们今后的合作会更加愉快。

在这套故事书编辑和出版的过程中，我的孩子Justin出世了，让我感到双倍的快乐。

如果读者需要，这套书会一直出版下去。首先出版的20本，希望能得到广大读者的反馈，使后面的故事更能满足读者的要求。

欢迎和我联系：victorbao@gmail.com。

Victor

首期推出以下20本

我的中文小故事

1. 小胖
2. 两个轮子上的国家
3. 看病
4. 弟弟的理想
5. 我的中文老师
6. 为什么要考试
7. 奇怪的讨价还价
8. 美国人在北京
9. MSN
10. 中国菜
11. 伦敦的大雾
12. 跟老师打赌
13. 快乐周末
14. 中国书法
15. 两个新同学
16. 母亲节的礼物
17. 没有雪的圣诞节
18. 最早的独自旅行
19. 寻找宠物
20. 学校的运动会